SANTÉ POUR TOUS ET PROBLÉMATIQUE DES BREVETS SUR LES MÉDICAMENTS

Questions contemporaines

Collection dirigée par Jean-Paul Chagnollaud, Bruno Péquignot et Xavier Richet

Chômage, exclusion, globalisation… Jamais les « questions contemporaines » n'ont été aussi nombreuses et aussi complexes à appréhender. Le pari de la collection « Questions contemporaines » est d'offrir un espace de réflexion et de débat à tous ceux, chercheurs, militants ou praticiens, qui osent penser autrement, exprimer des idées neuves et ouvrir de nouvelles pistes à la réflexion collective.

Dernières parutions

Jocelyne KISS, Geoffreyjen EDWARDS, Thierry BELLEGUIC, *Penser la vulnérabilité, penser la situation de handicap*, 2022.
Rafik HIAHEMZIZOU, *L'islamophobie intellectuelle : une critique,* 2022.
Yvon QUINIOU et Nikos FOUFAS, *La possibilité du communisme,* 2022.
Jean-Paul SAUZET, *Le voile qui dévoile. La radicalité du capitalisme*, 2022.
Jure Georges VUJIC, *Les convergences liberticides. Essai sur les totalitarismes bienveillants*, 2022.
Frédéric SAINT CLAIR, *Comment sortir de l'impasse libérale ? Essai de philosophie politique civilisationnelle,* 2022.
Jean-Marc ESNAULT, *Bienvenue dans la nouvelle ruralité. Partons à la reconquête de nos campagnes !*, 2022.
Yvan BORDELEAU, *La démocratie en crise. L'urgence de réagir,* 2022.
Lionel MOUTOT, *Généalogie d'une modernité bestiale*, 2022.
Pierre-Marie CHAPON, *Les vieux méritent mieux,* 2022.

Sabine Ndzengue Amoa

SANTÉ POUR TOUS
ET PROBLÉMATIQUE DES BREVETS
SUR LES MÉDICAMENTS

L'Harmattan

OUVRAGES DU MÊME AUTEUR :

- *Changements climatiques, leur impact sur la protection de la biodiversité d'Afrique Centrale. Cas particulier du Cameroun ;* L'Harmattan, 17 Décembre 2020.
- *Le permis de construire dans le droit de l'urbanisme* ; L'Harmattan, 07 Janvier 2022.

5-7, rue de l'École-Polytechnique, 75005 Paris

www.editions-harmattan.fr

ISBN : 978-2-14-027622-4
EAN : 9782140276224

À Jean Marie Amoa, mon papa ; homme courageux
qui ne perd jamais la foi.

REMERCIEMENTS

Ma gratitude va aux éditions L'Harmattan pour l'indépendance d'esprit et le grand professionnalisme qui animent leur maison d'édition

AVERTISSEMENT

La présente publication résulte d'études poursuivies à l'Université d'Évry en vue de l'obtention d'un Master 2 en droit de la santé et des Biotechnologies. Le mémoire a été modifié en Août 2022.

SIGLES ET ABREVIATIONS

AMM	Autorisation de mise sur le marché
ANDA	Abbreviated new drug application
CCP	Certificat complémentaire de protection
CEPS	Comité économique des produits de santé
OMS	Organisation mondiale de la santé
PUF	Presses universitaires de France
TCE	Traité des communautés Européennes
TFUE	Traité sur le fonctionnement de l'Union européenne.
RMCUE	Revue du marché commun et de l'Union européenne
WIPO/ OMPI	World international property organization / Organisation mondiale de la propriété intellectuelle

SOMMAIRE

INTRODUCTION...17

I-Le brevet sur le médicament : « une propriété intellectuelle avec un impératif de rentabilité ».........25

A-Les critères du brevet.................................25

B-Evolution de l'encadrement législatif des brevets...25

C-Saga sur les brevets à travers le monde- « l'impératif de rentabilité » contre le « droit des malades ».........29

1-Les victoires des « droits des malades » sur le « droit des brevets »..................................30

2-Les défaites : Les victoires du « droit des brevets » sur les « droits des malades »..........................33

3-Les autres alternatives : les compromis...........36

II- L'encadrement des stratégies « courtoises » par le législateur..41

A- L'octroi de l'AMM avant expiration des droits de propriété intellectuelle..................................42

B- Les controverses relatives aux contributions de ces stratégies sur la santé du consommateur...............44

1-Les effets pervers de la capitalisation sur la marque..45

2-Les probables effets secondaires du transfert du médicament vers le marché OTC.....................50

III-Les sanctions des stratégies « anticoncurrentielles » par l'autorité de la concurrence..........................53

A- L'encadrement législatif à travers les codes de la propriété intellectuelle, du commerce et le Traité sur le fonctionnement de l'Union Européenne (TFUE).......54

1-La protection des brevets par le code de la propriété intellectuelle...54

2 -Les prohibitions explicites de stratégies par le code de commerce et le TFUE...............................55

B- Les sanctions des pratiques prohibées................60

1-La pratique du dénigrement entre injonctions et amendes...61

2- L'influence sur la durée légale de protection du médicament entre légalisation et absence de législation..65

3-Les rudes sanctions pécuniaires face aux accords de report d'entrée.......................................68

4-L'abus de position dominante par accord sur les prix entre acceptation au mérite et sanctions pécuniaires...71

CONCLUSION..75

INTRODUCTION

La crise sanitaire mondiale liée à l'épidémie de Covid 19 a remis en relief le rôle clé du Brevet dans l'industrie pharmaceutique. Les inégalités d'accès aux vaccins entre les pays du Nord et ceux du Sud ont renforcé son « importance capitale » dans l'époque actuelle. La santé des individus et l'impératif de rentabilité des brevets ne sont pas toujours compatibles.

Pourtant, le médicament a pour but d'assurer, de préserver la santé des individus tant au niveau préventif que curatif. L'article L 5111-1 du Code de la santé publique y voit:« toute substance ou composition présentée comme possédant des propriétés curatives ou préventives à l'égard des maladies humaines ou animales, ainsi que toute substance ou composition pouvant être utilisée chez l'homme ou chez l'animal ou pouvant leur être administrée, en vue d'établir un diagnostic médical ou de restaurer, corriger ou modifier leurs fonctions physiologiques en exerçant une action pharmacologique, immunologique ou métabolique ».

Dans le secteur pharmaceutique, l'expiration du brevet, ce titre de propriété industrielle ayant pour finalité la protection des inventions, des médicaments ; fait émerger diverses stratégies de la part des firmes.

Au terme des brevets des médicaments, les génériques envahissent le marché. Ils sont a priori de bon augure pour le contribuable et pour la sécurité sociale. A partir de ce moment ; les prix des médicaments sont très attractifs. Cependant, cela ne va pas sans corollaire pour les firmes titulaires de brevets sur les princeps. Le cycle de recherche et de développement d'un médicament est un processus long, complexe et très onéreux. Les étapes de développement de ce produit de santé sont de manière globale : la recherche exploratoire, les tests précliniques et la recherche clinique[1].

Ces étapes se caractérisent spécifiquement par :

- ❖ La production de la molécule sélectionnée (principe actif) en quantité satisfaisante, en respectant un certain nombre de critères de qualité comme de pureté.
- ❖ Ensuite : le test du candidat-médicament, pour évaluer ses effets d'efficacité et ses effets indésirables (études précliniques). Il s'agit d'étudier le devenir du médicament dans l'organisme et ses interactions avec l'organisme, en particulier son

1-Pouteau Laureline, *Evolution des stratégies Marketing des laboratoires pharmaceutiques face à l'émergence des génériques sur le marché de ville en France* ; Université de Paris 11, Faculté de Pharmacie de Chatenay Malabry, 2010, p 13.

efficacité (pharmacologie) et sa toxicité éventuelle (toxicologie).

- Par la suite, il est question de rendre la molécule administrable sous une forme adaptée (gélule, comprimé, solution pour injection, patch, sirop, suppositoire, crème…) en associant le principe actif à des excipients.
- Puis, il convient de continuer de traquer plus particulièrement les effets indésirables et chercher à optimiser les doses qui seront administrées dans les premières études cliniques.
- Enfin, si les étapes précliniques sont satisfaisantes, le médicament sera testé sur l'Homme, dans le cadre d'essais cliniques.

Cette dernière étape ; la phase de test sur l'homme se déroule en quatre phases :

- Durant la phase I, il y a évaluation de la tolérance et de la pharmacocinétique. L'essai est mené sur un petit nombre de sujets volontaires sains (non malades), avec une augmentation très progressive des doses, et un suivi très étroit, en unités spécialisées dans ce type d'essais. L'objectif est d'évaluer chez l'homme les effets pharmacodynamiques du produit, ainsi que la tolérance en dose unique et doses répétées. Il s'agit d'établir le seuil de tolérance au traitement (dose maximale tolérée par l'homme).

- La phase II **consiste** en la détermination de l'efficacité du produit chez le patient malade. Cette deuxième phase se déroule en deux volets.
  - ✓ La phase II-a est réalisée sur un petit groupe de patients. Elle permet de déterminer si le médicament est actif sur la maladie ciblée et donc de décider de la poursuite du développement. C'est une phase clé de la vie du produit.
  - ✓ La phase II-b permet de définir la dose optimale à utiliser, celle qui permet d'obtenir la meilleure efficacité avec le minimum d'effets indésirables ; de continuer à évaluer les effets indésirables comme cela est fait à toutes les étapes du développement. Dans la phase III, il est procédé à l'évaluation

de l'efficacité et de la tolérance dans des conditions proches de la pratique courante.

- Les essais de phase III sont réalisés sur un grand nombre de patients (de quelques centaines à plusieurs dizaines de milliers) dans des conditions quasi normales d'emploi. Ils permettent d'établir le rapport bénéfice/risque du médicament dans l'indication ciblée, à grande échelle et sur le long terme, et de préciser les précautions d'emploi. Un dossier peut ensuite être déposé auprès des autorités de santé pour obtenir l'autorisation de mise sur le marché (AMM).
- La phase IV est constituée d'études réalisées après la mise sur le marché. Après la mise sur le marché,
- Les études de phase IV surveillent le profil d'efficacité et de tolérance du produit, évaluent ses effets dans des sous-groupes de patients spécifiques non étudiés auparavant, ou en comparaison à

de nouveaux produits de référence. Cette phase se déroule en parallèle du suivi de sécurité du produit par les programmes de pharmacovigilance[2].

La survenue de la date d'expiration du brevet après ce long et onéreux processus engendre nécessairement des craintes et suscite des manœuvres. Outre-Atlantique, le phénomène de « *patent cliff* », qui se réfère à l'expiration massive des brevets pharmaceutiques, est une préoccupation majeure des grands laboratoires. De nombreux médicaments dits « blockbusters » sont en effet tombés ou tomberont prochainement dans le domaine public laissant ainsi présager d'importantes pertes de chiffre d'affaires[3].

Les entreprises adoptent ainsi à l'expiration du délai du brevet diverses stratégies : actions en justice, dépôts incrémentiels de brevets, extensions de gamme et d'indications, mise sur le marché de leurs propres génériques, passage en automédication, développement de molécules dérivées[4]. Les stratégies

---

2 -Le développement d'un médicament sur http://www.pierre-fabre.com/fr

3 - Benjamin May, Marie Liens, Brevets Pharmaceutiques : approche pratique du contentieux des mesures d'interdiction provisoire, *revue Propriété Industrielle - Juin 2014.*

4 -Bulletin d'information en économie de la santé, questions d'économie de la santé, n° 84 - Octobre 2004, p1.

élaborées n'impactent pas uniquement le marché du médicament ; les droits et devoirs des consommateurs ne sont pas en reste.

Si certaines pratiques dites restrictives de la concurrence sont interdites par la loi, d'autres comportements sont sanctionnés par la jurisprudence sur le terrain de la responsabilité pour faute contenue dans les articles 1240 et 1241 du code civil. Le terme du brevet des médicaments oblige les firmes pharmaceutiques à déployer diverses manœuvres afin d'assurer leur survie et maintenir leur profit.

Si les pratiques telles la capitalisation sur la marque, les extensions de gamme, le transfert du médicament vers le marché OTC peuvent être qualifiées de « courtoises », d'autres pratiques s'avèrent largement « anticoncurrentielles ».

I- Le brevet sur le médicament : « une propriété intellectuelle avec un impératif de rentabilité »

L'article L611-2 du Code de propriété intellectuelle, dans son alinéa premier, met en exergue la durée de vingt ans à compter du jour du dépôt de la demande qui leur est associée.

A- Les critères du brevet

Afin de pouvoir bénéficier du brevet, l'invention doit remplir trois critères : la nouveauté, l'application industrielle et l'invention.

L'innovation ne sera effectivement brevetée que si elle est véritablement nouvelle ; si elle implique une activité inventive et si elle est susceptible d'application industrielle. Ces critères sont importants, car ils limitent le dépôt de brevet : il est impossible de « breveter » une théorie, une approche scientifique globale, une simple découverte[5]…

B- Evolution de l'encadrement législatif des brevets

- L'instauration du droit des brevets en France remonte à 1791.

Elle fut justifiée par la reconnaissance de la propriété de l'inventeur sur son idée : propriété considérée comme la plus sacrée par les

---

5 -https://www.leem.org/le-brevet-et-la-marque-deux-precieux-sesames

Constituants. Elle répondait aussi à la demande pressante des nouvelles compagnies industrielles de la fin du XVIIIe siècle de protéger leurs innovations et leurs marchés. Mais si la loi sur les brevets de 1791 ne comportait aucune exemption – toutes les catégories d'inventions pouvaient être juridiquement appropriées –, sa révision en 1844 déboucha sur l'exclusion des « compositions pharmaceutiques et remèdes de toutes espèces » de la sphère de la brevetabilité, et cela pour plus d'un siècle. Les arguments mobilisés par les partisans des brevets sur les médicaments, à l'instar de Gay-Lussac, et par les opposants, valent d'être rappelés. Gay-Lussac voulait favoriser l'émergence d'une nouvelle catégorie d'inventeurs et encourager la transformation de l'industrie pharmaceutique, au-delà de la pharmacie d'officine qui prédominait jusqu'alors. Les opposants firent valoir les risques de l'établissement d'un monopole pour la production et la fourniture d'un bien jugé essentiel pour la population. Dans une logique de santé publique, on ne peut subordonner l'intérêt de la population à la propriété exclusive d'un inventeur ou d'un industriel.

Le médicament n'est pas une marchandise comme les autres et la santé peut justifier une exclusion ou une suspension des droits de propriété industrielle.

- Les médicaments ont réintégré en France le droit commun des brevets en 1968 – après une phase de Brevet spécial du médicament entre 1959 et 1968.[6]
- **L'accord sur les Aspects des Droits de Propriété Intellectuelle applicables au Commerce (ADPIC)** obtenu en 1994 a produit un effet considérable au plan mondial.

Jusque-là, plus d'une quarantaine de pays écartait la possibilité de protéger par brevet les inventions de médicaments, tandis que d'autres les protégeaient pour une durée inférieure à 20 ans.

L'article 27 de l'Accord énonce qu'« un brevet pourra être obtenu pour toute invention, de produit ou de procédé, dans tous les domaines technologiques ». C'est dire que les inventions issues du « domaine » pharmaceutique ne peuvent pas être exclues du champ de la brevetabilité. Si « les Membres [peuvent] exclure de la brevetabilité les inventions dont il est nécessaire d'empêcher l'exploitation commerciale sur leur territoire pour protéger l'ordre public ou la moralité, y compris pour protéger la santé et la vie des personnes et des animaux ou préserver les végétaux, ou pour éviter de graves atteintes à l'environnement », c'est à la « condition que cette exclusion ne tienne pas

---

6 -Maurice Cassier, Propriété industrielle et santé publique ; dans **Revue Projet 2002/2 (n° 270)**, pages 47 à 55.

uniquement au fait que l'exploitation est interdite par leur législation ».

Les États-Unis ont déposé une plainte contre l'Inde auprès de l'Office de Règlement des Différends (...). Les pays dont la législation excluait du domaine brevetable les médicaments et qui sont devenus membres de l'Organisation Mondiale du Commerce se sont donc obligés, à plus ou moins brève échéance, à rendre les inventions de médicaments brevetables. Érigée en principe commercial universel, la propriété intellectuelle, et en cette occurrence le droit des brevets, offre désormais aux titulaires de droits sur une invention la possibilité juridique d'empêcher, sous toutes les latitudes, la reproduction de l'invention. En pratique, des brevets seront déposés dans les pays disposant des moyens industriels de fabriquer des copies de médicaments ; l'existence de ces titres de propriété industrielle qualifiera les actes de fabrication et de commercialisation de médicaments génériques d'actes de contrefaçon.[7]

---

7 -Jean-Pierre Clavier ; L'accès au médicament breveté, Cahiers, Droit, science, technologie ; Dossier thématique, Partie 3 ; p. 179-191 ; https://doi.org/10.4000/cdst.275

C-Saga sur les brevets à travers le monde- « l'impératif de rentabilité » contre le « droit des malades »

L'urgence sanitaire peut dans certains cas faire émerger des dérogations sur les brevets. Il est tout à fait possible et légal, pour un pays en situation d'urgence sanitaire de délivrer une licence obligatoire pour un médicament sous brevet.
Les mécanismes ont été prévus dès 1994 par l'accord international sur les ADPIC (Aspects des Droits de la Propriété Intellectuelle touchant au commerce) qui précise l'étendue et les conditions d'application des droits liés aux brevets mais prévoit également diverses dérogations à l'application de ces droits. Il permet notamment aux pays justifiant d'une urgence sanitaire de fabriquer sur leur territoire, sous « licence obligatoire » des médicaments sous brevet, sans l'autorisation du titulaire de ce brevet. L'accord signé le 30 août 2003 a apporté une réponse complémentaire aux pays faisant face à une urgence sanitaire, mais sans capacité de production locale. Ils peuvent désormais faire appel à des pays tiers pour fabriquer les produits dont ils ont besoin sous licence obligatoire. Ils disposent ainsi d'un nouveau circuit d'approvisionnement légal.[8]

---

8 -https://www.leem.org/le-brevet-et-la-marque-deux-precieux-sesames

Les brevets à travers le monde font régulièrement l'objet de nombreuses controverses.

1-Les victoires des « droits des malades » sur le « droit des brevets »

Afrique du Sud - antirétroviraux

En 1997, le gouvernement d'Afrique du Sud faisait voter le « Medicines and Related Substances and Control Act ». Cette loi visait à mieux réguler le domaine du médicament – fabrication, évaluation, enregistrement, formation des prix, distribution, etc. L'un de ses articles (15 c) prévoit que le ministère de la Santé peut décider « dans certaines circonstances, de prendre des dispositions pour assurer l'offre de médicaments plus accessibles afin de protéger la santé du public ». Il peut notamment décider de limiter les droits des brevets relatifs à des médicaments protégés et commercialisés en Afrique du Sud. Il peut organiser des importations parallèles, afin de se procurer des médicaments vendus moins cher dans un autre pays par le détenteur des brevets ou des licences couvrant ces molécules. Ces dispositions furent aussitôt attaquées en justice par une coalition regroupant l'Association des fabricants pharmaceutiques d'Afrique du Sud et 39 firmes internationales. Celles-ci contestaient que le ministre puisse suspendre des brevets accordés en Afrique du Sud « compte tenu de certaines circonstances qui n'ont pas été définies par des règles ». Aux yeux des plaignants, cette loi autorisait le ministre de la Santé « à déposséder le détenteur d'une propriété intellectuelle relative à un produit pharmaceutique ou encore à l'exproprier d'une telle propriété sans compensation ». La motion mettait également en cause la procédure des importations parallèles, en introduisant « des discriminations en faveur des médicaments importés au détriment des fabricants locaux ». L'Afrique du Sud était accusée d'outrepasser les dispositions prévues dans les accords de l'OMC par « le recours automatique au système de la licence obligatoire » ... On peut lire ce procès comme une mise à l'épreuve des accords Trips (ADPIC) par l'industrie pharmaceutique qui tentait d'imposer une définition restrictive des « circonstances » susceptibles de justifier une suspension des droits de propriété sur ses marchés. L'Afrique du Sud représente un enjeu important ; dans la mesure où les droits de propriété existants sur les médicaments y sont bien établis et l'importance du marché justifie le dépôt de brevets de la part des firmes internationales. Ces entreprises pharmaceutiques, souvent, n'étendent pas leur propriété dans les autres pays de l'Afrique subsaharienne. Mais pour le gouvernement et plus encore pour les associations anti-sida, cette loi ouvrait des perspectives pour commencer à traiter l'épidémie de sida qui affecte 4,2 millions de personnes – 1 adulte sur 5 – et qui est susceptible, d'ici à 2015, de ramener

l'espérance de vie dans ce pays à son niveau du début du XXe siècle.
En avril 2001, devant l'extension des protestations qui affirmèrent les « droits des malades » face au « droit des brevets », le retrait de la plainte des laboratoires pharmaceutiques marqua une certaine reconnaissance internationale du bien commun en matière de santé. En dépit des offensives menées durant l'été 2001 par l'industrie pharmaceutique pour tenter de réduire les dispositions d'exception, la réunion interministérielle de Doha déboucha sur une nouvelle affirmation de ces mesures.[9]

Inde -Médicament anti-cancéreux Glivec

Lausanne/New Delhi : Le 1er Avril 2013 ; La Cour suprême indienne a rendu son verdict final concernant « l'affaire Novartis », après sept ans d'un combat judiciaire acharné. Le géant pharmaceutique ne se verra finalement pas octroyer un brevet pour son médicament anticancéreux Glivec en Inde. La Déclaration de Berne salue vivement la décision de la justice indienne, qui fait primer les besoins de santé publique sur les intérêts économiques, et demande instamment à Novartis et à la Suisse de la respecter.
La justice indienne a tranché : Novartis n'obtient pas de brevet pour son médicament anticancéreux Glivec en Inde. La DB (Déclaration de Berne) salue vivement

---

9 - Maurice Cassier, Propriété industrielle et santé publique ; dans **Revue Projet 2002/2 (n° 270)**, pages 47 à 55

ce verdict d'une importance capitale pour l'accès aux médicaments en Inde, mais aussi dans tous les pays en développement, et qui met fin à une interminable saga judiciaire.
Cette décision devrait renforcer une clause de sauvegarde de santé publique unique contenue dans la loi indienne sur les brevets, la section 3(d), qui permet de limiter la multiplication abusive de brevets sur des substances déjà connues sans preuve d'efficacité supplémentaire. Cette clause empêche que la production de génériques bon marché – dans le domaine du sida mais aussi de l'hépatite et d'autres maladies chroniques comme le cancer ou le diabète – soit entravée par la prolifération de monopoles injustifiés. Des génériques vitaux pour les pays en développement et dont l'Inde, surnommée la « pharmacie des pays du Sud », est l'un des principaux pourvoyeurs.[10]

2-Les défaites : Les victoires du « droit des brevets » sur les « droits des malades »

France-Médicament anti-Hépatite C- Sovaldi

Lors de son arrivée sur le marché fin 2013, le Sovaldi est une véritable révolution pour les malades d'hépatite C : à raison d'un comprimé par jour pris pendant 12

---

10 - https://www.publiceye.ch/fr/coin-medias/communiques-de-presse/detail/proces-novartis-en-inde-une-victoire-cruciale-pour-les-patients-des-pays-du-sud

semaines, le Sovaldi éradique le virus sans effets secondaires, et guérit de manière définitive. Jusqu'alors, les stratégies thérapeutiques reposaient uniquement sur le renforcement des défenses immunitaires du patient :
« Pendant de longues années, depuis que le virus est identifié en 1989, nous n'avons eu pour seule stratégie thérapeutique que de renforcer l'immunité de la personne infectée. Et puis c'était à la personne de se débrouiller quelque part elle-même, avec ses défenses immunitaires. Le Sovaldi introduit une vraie rupture thérapeutique, il introduit une nouvelle modalité de lutter contre cette infection en s'attaquant directement au virus ». Olivier Maguet, auteur.
Cet antiviral est ainsi porteur d'espoirs considérables pour la santé mondiale. Mais un élément déterminant va empêcher sa diffusion massive auprès des populations : son prix. Il s'élève à quelques 41 000 euros pour un traitement en France. C'est pourquoi le gouvernement français - comme d'autres gouvernements - décide de rationner le médicament, ne l'octroyant qu'aux personnes les plus « gravement atteintes ». La moitié des 200 000 personnes malades en France ne pourront ainsi pas y accéder.[11]
Le Sovaldi a coûté plus de 702 millions d'euros à l'assurance maladie française depuis 2014. Dont 174

---

11 - https://www.franceculture.fr/emissions/superfail/sovaldi-un-medicament-au-prix-qui-tue

millions d'euros en 2016, d'après les données que nous avons rassemblées. Ce montant est en baisse par rapport à 2015 (295 millions d'euros), car d'autres médicaments contre l'hépatite C ont fait leur entrée sur le marché français. Le Harvoni, du même laboratoire, a coûté 351 millions d'euros à la Sécu en 2016. Ce qui en fait le deuxième médicament le plus cher ! Ces nouveaux traitements sont donc particulièrement onéreux pour les systèmes de santé.

Quel est le coût réel de fabrication du Sovaldi ? Entre 75 et 200 euros, d'après les différentes estimations, soit entre 140 et 380 fois moins que le prix fixé par le Comité économique des produits de santé (CEPS) qui négocie avec les firmes pharmaceutiques le prix des médicaments. Ce dernier n'est bien sûr pas réductible à l'ensemble des coûts qui le composent, explique le *Leem*, le syndicat des laboratoires pharmaceutiques : *« Le prix du médicament d'aujourd'hui ne sert pas à amortir les coûts de sa recherche et de son développement. Il sert à financer le médicament de demain. »* Jolie pirouette... Mais tout de même ![12]

12 - https://multinationales.org/Le-Sovaldi-ou-comment-les-laboratoires-pharmaceutiques-amassent-des-fortunes#:~:text=C%27est%20l%27histoire%20d,marché%20français%20en%20novembre%202014.

3-Les autres alternatives : les compromis

- ✓ **Brésil- Les médicaments hors brevet**

Le Brésil a trouvé une articulation originale entre logique industrielle et logique de santé publique. Des laboratoires publics produisent des molécules hors brevet qui sont achetées et distribuées gratuitement par le ministère de la Santé à 100 000 malades aujourd'hui (sur 196 000 cas de sida recensés). Cette expérience a bénéficié au départ d'une situation particulière : avant 1997, les médicaments n'étaient pas brevetables au Brésil et il était donc licite de copier les molécules protégées. Les laboratoires publics de plusieurs États brésiliens ont profité de cette fenêtre en termes de propriété pour s'engager dans la copie et la production locale de plusieurs antirétroviraux à partir de 1994. Des chimistes transfuges des laboratoires pharmaceutiques ont utilisé leur savoir-faire pour organiser le processus de copie. Les molécules produites sont soumises à des essais de bioéquivalence pour l'attribution du statut officiel de médicament générique. Les laboratoires publics brésiliens sont aujourd'hui en mesure de fabriquer une douzaine d'antirétroviraux et de les fournir à des prix très en-dessous du marché. Cette offre a entraîné une chute moyenne des prix de 82 %. Lorsqu'ils répondent à des appels d'offre du ministère de la Santé brésilien, les laboratoires internationaux sont contraints de s'aligner sur les prix brésiliens, qui servent de référence. Ainsi, Bristol Myers a proposé une de ses molécules trois fois moins cher qu'aux Etats-Unis et même moins cher que la copie brésilienne.[13]

✓ Firmes pharmaceutiques-Dons, réduction de prix

Face à la demande de plus en plus forte d'une accessibilité universelle des médicaments et à la demande de plusieurs États du Sud de pouvoir utiliser des mesures de suspension des brevets pour protéger leurs populations, les firmes pharmaceutiques ont avancé des contre-propositions : dons, réductions de prix (dans certains cas jusqu'à 80 % des prix pratiqués en Europe ou en Amérique du Nord), voire une politique systématique de prix différentiels entre pays du Nord et du Sud. Pour les firmes, ces mesures présentent l'avantage de ne pas empiéter sur leurs droits de propriété et leur pouvoir de marché, et de repousser les mesures de contrôle des prix.[14]

13- Maurice Cassier, Propriété industrielle et santé publique ; dans **Revue Projet 2002/2 (n° 270)**, pages 47 à 55

14 - Maurice Cassier, Propriété industrielle et santé publique ; dans **Revue Projet 2002/2 (n° 270)**, pages 47 à 55

Covid 19- levée des brevets sur les vaccins pendant 5 ans

Pour une action efficace contre la pandémie de Coronavirus, l'OMS recommande un taux de vaccination d'au moins 70% dans chaque pays. A ce jour, les pays riches ont monopolisé les trois quarts des doses de vaccin administrées. Et dans les pays à faible revenu, le taux de vaccination ne dépasse pas 13% de la population. Comment sortir de cette impasse ? Une situation non seulement injuste, mais inefficace d'un point de vue sanitaire, car elle augmente les risques d'apparition de variants plus contagieux et résistants.

Pour remédier à cette situation, l'Inde et l'Afrique du Sud ont demandé la levée temporaire des brevets sur la fabrication des vaccins ; des dérogations à certaines dispositions de l'accord sur les ADPIC pour la prévention, l'endiguement et le traitement de la covid-19. Leur proposition était soutenue par le Kenya, le Mozambique, le Pakistan, la Bolivie, le Venezuela, la Mongolie, le Zimbabwe, l'Égypte, le Groupe Africain et le Groupe des pays les moins avancés.

L'OMC a finalement donné son autorisation le 17 Juin 2022. Les pays en développement peuvent lever pendant 5 ans les brevets sur les vaccins Covid.

L'industrie pharmaceutique y voit un précédent dangereux pouvant ébranler ses investisseurs, donc le financement de l'innovation, et également inutile vu l'actuelle surproduction mondiale de vaccins Covid[15].

Quel est au fond l'objet de la dispute ? La protection de la propriété intellectuelle est considérée comme un élément clé pour encourager la recherche et l'innovation. Un brevet est un titre de propriété industrielle qui confère à son titulaire une exclusivité d'exploitation de l'invention brevetée en principe pour une durée maximale de 20 ans. Ce n'est qu'une fois que l'invention tombe dans le domaine public qu'elle peut être produite de manière générique. Mais le système actuel des brevets né concomitamment aux Etats Unis et en France à la fin du XVIIIème siècle, n'a rien d'une évidence. (...).[16]

---

15 - https://www.lesechos.fr/industrie-services/pharmacie-sante/tolle-dans-lindustrie-pharmaceutique-apres-la-levee-des-brevets-sur-les-vaccins-covid-1414309

16 - https://www.franceculture.fr/emissions/le-pourquoi-du-comment-economie-et-social/faut-il-lever-les-brevets-sur-les-vaccins-anti-covid

II- L'encadrement des stratégies « courtoises » par le législateur

Dans sa constitution du 27 Juillet 1946, l'Organisation mondiale de la santé voit dans la possession du meilleur état de santé qu'il est capable d'atteindre l'un des droits fondamentaux de tout être humain, quelles que soient sa race, sa religion, ses opinions politiques, sa condition économique ou sociale. Bien plus, l'OMS appréhende la santé de tous les peuples comme une condition fondamentale de la paix du monde et de la sécurité ; elle dépend de la coopération la plus étroite des individus et des États.

Si la santé du consommateur n'a pas de prix, il reste qu'aujourd'hui elle représente un coût pour les firmes pharmaceutiques.

La santé a un impact indiscutable dans la vie en société. Les firmes pharmaceutiques jouent un rôle indéniable sur la santé des consommateurs. Conscient de cela, le législateur français est intervenu afin d'encadrer certaines de leurs pratiques contribuant à la bonne santé du consommateur. C'est ainsi que la capitalisation sur la marque, les extensions de gamme, le transfert du médicament vers le marché OTC sont réglementés.

Ce sont diverses manœuvres auxquelles les entreprises pharmaceutiques ont assez souvent recours lorsqu'un brevet arrive à expiration.

Ces multiples stratégies font l'objet d'un encadrement par le législateur (A) ; cependant, elles suscitent des controverses relativement à leur contribution à la santé du consommateur (B).

A- L'octroi de l'AMM avant expiration des droits de propriété intellectuelle

Le code de la santé publique en France réglemente dans son article L5121.10 la délivrance d'une AMM avant l'expiration des droits de propriété intellectuelle.

En effet, "pour une spécialité générique, d'une spécialité de référence, celle qui a la même composition qualitative et quantitative en principes actifs, la même forme pharmaceutique et dont la bioéquivalence avec la spécialité de référence est démontrée par des études de biodisponibilité appropriées, l'autorisation de mise sur le marché peut être délivrée avant l'expiration des droits de propriété intellectuelle qui s'attachent à la spécialité de référence concernée. Le demandeur de cette autorisation informe le titulaire de ces droits concomitamment au dépôt de la demande.

Lorsque l'Agence nationale de sécurité du médicament et des produits de santé (ANSM) a délivré une autorisation de mise sur le marché d'une spécialité générique, elle en informe le titulaire de l'autorisation de mise sur le marché de la spécialité de référence.

Le directeur général de l'agence procède à l'inscription de la spécialité générique dans le répertoire des groupes génériques au terme d'un délai de soixante jours, après avoir informé de la délivrance de l'autorisation de mise sur le marché de celle-ci le titulaire de l'autorisation de mise sur le marché de la spécialité de référence. Toutefois, la commercialisation de cette spécialité générique ne peut intervenir qu'après l'expiration des droits de propriété intellectuelle, sauf accord du titulaire de ces droits.

Préalablement à cette commercialisation, le titulaire de l'autorisation de mise sur le marché de la spécialité générique informe le directeur général de l'agence des indications, formes pharmaceutiques et dosages de la spécialité de référence pour lesquels les droits de propriété intellectuelle n'ont pas expiré.

Aux seules fins d'en garantir la publicité, le directeur général de l'Agence nationale de sécurité du médicament et des produits de santé tient disponible au public la liste des titres de propriété intellectuelle attachés à une spécialité de référence si le titulaire de l'autorisation de mise sur le marché de cette spécialité la lui a communiquée à cet effet. Le laboratoire est seul responsable de l'exactitude des informations fournies".

L'ANSM procède ainsi à l'information en amont du laboratoire détenteur du brevet sur le princeps sur la future commercialisation d'une ou plusieurs spécialités génériques. Une telle information en amont peut permettre en effet à la firme pharmaceutique propriétaire du princeps de capitaliser sur la publicité à faire sur son médicament, ou de commencer à préparer un générique. Si une telle notification ne donne pas explicitement l'aval aux firmes pharmaceutiques afin de développer leurs propres génériques, elle demeure néanmoins un facteur déclencheur de ces stratégies qui *a priori* ne nuisent pas à la santé du consommateur. Cependant, ces pratiques ne font pas l'unanimité quant à leur apport pour la santé.

B- Les controverses relatives aux contributions de ces stratégies sur la santé du consommateur

La santé occupe dans les sociétés occidentales une place croissante[17].Les stratégies encadrées par le législateur et œuvrant dans l'optique de la bonne santé du consommateur font subsister des doutes relativement au résultat espéré. Les extensions de gamme semblent aller de soi dans l'intérêt de la santé du consommateur. Les extensions de gamme sont ces stratégies de différenciation horizontale, qui consistent notamment à proposer aux patients un grand choix de formes et de présentations différentes d'un médicament en restant au même niveau de qualité ou du prix. C'est le cas de l'antibiotique Augmentin de

---

17 - Anne Laude, Bertrand Mathieu, Didier Tabuteau, *Droit de la santé*, 3ème édition, PUF, 10/11/2012, p1.

GSK commercialisé en France sous sept formes différentes et présentations, sans compter les formes destinées à l'usage hospitalier. Pour des individus ayant des préférences de couleur, de forme, cela ne peut être que bénéfique à leur moral et pour leur santé. De plus, il ne subsiste aucun problème au niveau du prix qui demeure identique.

Les autres pratiques, notamment la capitalisation sur la marque ; le transfert du médicament vers le marché OTC ne sont pas exemptes de controverses. Il apparait nécessaire d'examiner les effets pervers de la capitalisation sur la marque sur la santé des consommateurs (1), et ensuite les probables effets secondaires du transfert du médicament vers le marché OTC (2).

1-Les effets pervers de la capitalisation sur la marque

La marque, qu'elle soit de fabrique, de commerce ou de service est un signe susceptible de représentation graphique servant à distinguer les produits ou services d'une personne physique ou morale[18].

Compte tenu du rôle joué par la marque sur les médicaments innovants, il n'est guère étonnant que les laboratoires pharmaceutiques consacrent

---

ᵉ L711-1 du Code de propriété intellectuelle

d'importantes ressources à l'activité promotionnelle[19]. Si cette promotion de la marque va *crescendo* à l'expiration du brevet, avoir l'attention des médecins, ainsi que des patients reste le principal leitmotiv. L'attention des médecins est nécessaire car ce sont eux qui font les prescriptions.

Des limites ont été fixées à travers la liste situations médicales dans lesquelles peut être exclue la substitution à la spécialité prescrite d'une spécialité du même groupe générique.

L'arrêté du 20 juillet 2022, qui modifie L'arrêté du 12 novembre 2019 ; précise, en application de l'article L. 5125-23 du code de la santé publique, les situations médicales dans lesquelles peut être exclue la substitution à la spécialité prescrite d'une spécialité du même groupe générique :

1° Prescription de médicaments à marge thérapeutique étroite pour assurer la stabilité de la dispensation, lorsque les patients sont effectivement stabilisés avec un médicament, et à l'exclusion des phases d'adaptation du traitement ;

2° Prescription chez l'enfant de moins de six ans, lorsqu'aucun médicament générique n'a une forme galénique adaptée et que le médicament de référence disponible permet cette administration ;

---

19 -Emmanuel Combe, *Les laboratoires pharmaceutiques face à la concurrence des génériques : quels enjeux pour l'antitrust ?* Doctrines. Concurrences (Revue des droits de la concurrence) N° 1-2006

3° **Prescription pour un patient présentant une contre-indication formelle et démontrée à un excipient à effet notoire présent dans tous les médicaments génériques** disponibles, lorsque le médicament de référence correspondant ne comporte pas cet excipient.[20]

Par un décret du 11 juin 1999, un droit de substitution pour le pharmacien a été mis en place. Le droit de substitution permet au pharmacien, sur la base d'une prescription médicale d'un médicament princeps, de délivrer un générique de ce princeps[21]. L'article L 5125-23 du code de la santé publique permet au pharmacien d'officine de délivrer par substitution à la spécialité prescrite une spécialité du même groupe générique. Cette disposition permet au pharmacien, dans le cadre d'une prescription libellée avec le nom de marque de la spécialité de référence, de remplacer cette dernière par un médicament générique.

Il ne fait donc aucun doute qu'il est nécessaire pour les firmes pharmaceutiques de faire de la

---

[20] -https://sabinendzengueamoaconsulting.fr/2022/07/29/situations-medicales-dans-lesquelles-peut-etre-exclue-la-substitution-a-la-specialite-prescrite-dune-specialite-du-meme-groupe-generique-la-liste-des-principes-actifs-sallonge/

21 - J. Armengaud et E. Berthet-Maillols, Médicaments génériques et « princeps » : un nouvel équilibre à trouver : Propr. Intell. 2006, n° 20, p. 243. Cité par Clémence Schmitt, Les protections du médicament : La lutte des laboratoires pharmaceutiques contre la pression des génériques. Master 2 Droit des Biotechnologies, Université d'Évry Val d'Essonne, 2009-2010, p12.

promotion de leurs marques au terme du brevet. Cette capitalisation sur la marque s'opère ainsi en général auprès du médecin par le biais du délégué médical afin de l'influencer dans ses prescriptions.

Deux situations peuvent survenir face à cette capitalisation sur la marque : la désinformation et les actes de corruption.

Concernant la désinformation, le médecin peut ne pas être bien informé sur le médicament et faire une prescription erronée ou avec des effets secondaires pas assez pris en compte. A cet égard, l'autorité française de la concurrence a eu à établir notamment dans sa décision n° 13-D-11 du 14 mai 2013 relative à des pratiques mises en œuvre dans le secteur pharmaceutique que la désinformation est une pratique anticoncurrentielle lorsque les médecins ne sont pas suffisamment informés sur un médicament pour prendre une décision indépendante. Pour l'autorité française de la concurrence, si les médecins disposent d'informations suffisantes et qu'on ne peut pas établir clairement que la tactique de désinformation a influencé leur décision, il n'y a pas d'infraction au droit de la concurrence.

Toutefois, la capitalisation sur la marque peut être poussée plus loin, notamment par le biais de la corruption. En 2011, la Commission des pratiques commerciales loyales de Corée a ordonné des mesures correctives contre six laboratoires pharmaceutiques reconnus coupables d'avoir versé des rétro-commissions et leur a imposé des surtaxes d'un montant de 11 milliards de won. Ces laboratoires avaient à plusieurs reprises offert à des médecins, des cliniques et des hôpitaux des incitations économiques indirectes pour qu'ils prescrivent un plus grand nombre de leurs médicaments. Ces incitations allaient de l'organisation de séminaires ou de conférences à des dîners, des sorties de golf et des honoraires de conférenciers ou de consultants, en passant par les versements en espèces pour des prétendues activités de surveillance post commercialisation[22].

De telles pratiques ne sont absolument pas mises en œuvre avec pour finalité la santé du consommateur. Les intérêts de ces firmes pharmaceutiques demeurent leur priorité et elles ne tiennent pas compte de leurs effets potentiels sur les consommateurs.

A l'évidence, la capitalisation sur la marque peut avoir divers effets pervers. Les entreprises pharmaceutiques peuvent s'adonner aux actes de corruption, faisant fi du rôle qu'est sensé jouer le

22 -Le rôle de la concurrence dans le secteur pharmaceutique et ses avantages pour le consommateur, Septième Conférence des Nations Unies chargée de revoir tous les aspects de l'Ensemble de principes et de règles équitables convenus au niveau multilatéral pour le contrôle des pratiques commerciales restrictives, Genève, 6-10 juillet 2015.

médicament sur le consommateur. La désinformation du médecin et des prescriptions erronées qui peuvent mettre en danger la vie du consommateur ne sont pas à exclure. *Quid* du transfert vers le marché OTC ?

2-Les probables effets secondaires du transfert du médicament vers le marché OTC

Le transfert du médicament vers le marché OTC est une stratégie qui consiste à le rendre accessible en vente libre, c'est-à-dire sans ordonnance. Ce transfert sur le marché de l'automédication, dit "OTC", permet au laboratoire princeps de faire évoluer une partie de la demande vers un nouveau segment de marché et de la détourner ainsi du marché éthique, désormais exposé à la concurrence des génériques.

En particulier, étant donné la suppression du rôle du médecin dans le choix thérapeutique, cette stratégie concerne notamment des patients atteints par des pathologies moins graves qui achètent des médicaments sans consultation préalable d'un médecin[23].

Cette pratique est en apparence dérisoire, mais elle permet d'attirer un maximum de clientèle des concurrents. Si en termes de coût, ces médicaments ne sont pas remboursés par la sécurité sociale lorsqu'ils sont achetés sans ordonnance, cette pratique permet néanmoins un gain important de temps. En effet, dans

---

23 - *Idem*

un cadre préventif, elle permet à tout individu de pouvoir se procurer des médicaments afin de maintenir sa santé.

Cependant, si aujourd'hui la mise en vente libre d'un médicament parait anodine et peut aider les individus dans un but préventif ou curatif ; peut-on estimer à court, à moyen, à long terme les dégâts qui auront été causés par le libre achat de certains médicaments ? L'utilisation faite est-elle toujours la bonne ? La même question peut être posée concernant les médicaments obtenus sur prescription médicale. La vente en ligne des médicaments a pignon sur rue.

Avec la vente libre du médicament, la santé du consommateur n’est-elle pas officiellement mise en danger ?

III- Les sanctions des stratégies « anticoncurrentielles » par l'autorité de la concurrence

A l'expiration des brevets, les entreprises pharmaceutiques adoptent des stratégies en vue de protéger leurs intérêts. Elles ne manquent pas d'imagination à l'expiration du délai légal des brevets des médicaments.

Aujourd'hui, ces manœuvres sont vigoureusement combattues. Les autorités tolèrent de plus en plus difficilement les pratiques mises en œuvre par les firmes pharmaceutiques qui, non seulement restreignent le libre jeu de la concurrence, mais aussi impactent sur les consommateurs via le coût des médicaments. Qu'il s'agisse du dénigrement, de l'influence sur la durée légale de protection du médicament, du médicament de seconde génération ou « Pseudo-générique » ; des accords de report d'entrée, ou de l'abus de position dominante par accord sur les prix, les autorités veillent au grain.

L'encadrement de ces pratiques se fait par le biais d'un cadre législatif assez précis (A). Bien plus, la faculté des entreprises pharmaceutiques à innover dans les stratégies a ainsi conduit à l'adoption des sanctions (B).

A- L'encadrement législatif à travers les codes de la propriété intellectuelle, du commerce et le Traité sur le fonctionnement de l'Union Européenne (TFUE)

L'encadrement législatif se fait ici par le biais de trois textes spécifiques : le code de la propriété intellectuelle (1) ; ainsi que du code du commerce et du TFUE (2).

1-La protection des brevets par le code de la propriété intellectuelle

La réglementation qui y est faite s'assimile à des garde-fous mis en place pour la protection des propriétaires de brevets sur les princeps.

C'est spécifiquement le titre I du livre VI qui est relatif aux brevets d'inventions. Le chapitre V met en évidence les actions en justice. Y sont inscrites les actions civiles et celles pénales. L'article L 615, dans ses alinéas 1 à 10 décrit les actions civiles. Il s'agit notamment de la contrefaçon qui désigne toute atteinte portée aux droits du propriétaire du brevet. L'alinéa 2 donne les précisions d'ordre pratique. L'action en contrefaçon est exercée par le propriétaire du brevet. L'alinéa 5 fait état de la preuve de la contrefaçon qui peut être faite par tous moyens. Les actions pénales sont décrites dans les alinéas 12 à 16 de l'article L 615. Celles-ci vont des amendes aux peines d'emprisonnement lorsque l'action en contrefaçon est décelée.

A travers ces articles, le législateur protège les droits des laboratoires propriétaires des brevets sur les princeps de toute action en contrefaçon. Ici, est en quelque sorte mise en exergue de la prévention, une protection à l'égard des droits de propriété que la firme pharmaceutique détient sur le princeps. Les firmes peuvent à cet effet jouir de tous les droits attachés au princeps pendant la durée du brevet. Cette protection est cependant restreinte par des dispositions d'autres codes.

2 -Les prohibitions explicites de stratégies par le code de commerce et le TFUE

Les prohibitions sont avant tout perçues comme des pratiques à ne mettre en œuvre sous aucun prétexte. Il importe dès lors d'examiner celles posées par le code du commerce (i), et les stratégies auxquelles se réfèrent le TFUE ainsi que les règlements de la Commission et du conseil (ii).

(i) **Les interdictions faites par le code de commerce**

Le titre II du livre IV est relatif aux pratiques anticoncurrentielles. Des alinéas 1à 7 de l'article L 420, le législateur a essayé de les encadrer.

Ainsi, sont mises en exergue l'interdiction d'actions concertées, conventions, ententes expresses ou tacites ou coalitions avec pour effet d'empêcher, de restreindre ou de fausser le jeu de la concurrence sur un marché. Bien plus, sont aussi prohibées les abus de position dominante (exploitation abusive d'une position dominante), les pratiques concertées ayant pour objet ou pour effet d'accorder des droits exclusifs d'importation à une entreprise ou à un groupe d'entreprises. Cependant, il n'y a pas interdiction de pratiques concertées lorsqu'il s'agit de l'application d'un texte législatif ou d'un texte réglementaire pris pour son application.

En outre, l'alinéa 5 précise les prohibitions qui s'appliquent aux offres de prix ou pratiques de prix de vente aux consommateurs abusivement bas par rapport aux coûts de production, de transformation et de commercialisation, dès lors que ces offres ou pratiques ont pour objet ou peuvent avoir pour effet d'éliminer d'un marché ou d'empêcher d'accéder à un marché une entreprise ou l'un de ses produits. Des dispositions qui visent spécifiquement les laboratoires détenteurs des droits sur les princeps dans l'éventualité de mise en œuvre de stratégies.

(ii) **Les prohibitions du TFUE et des règlements de la Commission et du Conseil Européens**

Le TFUE (Traité sur le fonctionnement de l'Union Européenne), dans ses articles 101 et 102, pose les bases de la réglementation des pratiques anticoncurrentielles.

En effet, l'article 101, (ex-article 81du Traité des Communautés Européennes" TCE") met en évidence l'incompatibilité avec le marché intérieur, ainsi que l'interdiction de tous accords entre entreprises, toutes décisions d'associations d'entreprises et toutes pratiques concertées, qui sont susceptibles d'affecter le commerce entre États membres et qui ont pour objet ou pour effet d'empêcher, de restreindre ou de fausser le jeu de la concurrence au sein du marché intérieur. Sont notamment visés ceux qui consistent à: fixer de façon directe ou indirecte les prix d'achat ou de vente ou d'autres conditions de transaction, limiter ou contrôler la production, les débouchés, le développement technique ou les investissements, répartir les marchés ou les sources d'approvisionnement, appliquer, à l'égard de partenaires commerciaux, des conditions inégales à des prestations équivalentes en leur infligeant de ce fait un désavantage dans la concurrence, subordonner la conclusion de contrats à l'acceptation, par les partenaires, de prestations supplémentaires qui, par leur nature ou selon les usages commerciaux, n'ont pas de lien avec l'objet de ces contrats.

Cependant, les précédentes dispositions ne s'appliquent pas à tout accord ou catégorie d'accords entre entreprises, à toute décision ou catégorie de décisions d'associations d'entreprises et à toute pratique concertée ou catégorie de pratiques concertées qui contribuent à améliorer la production ou la distribution des produits ou à promouvoir le progrès technique ou économique, tout en réservant aux utilisateurs une partie équitable du profit qui en résulte. Ceci est fait sans : imposer aux entreprises intéressées des restrictions qui ne sont pas indispensables pour atteindre ces objectifs, donner à des entreprises la possibilité, pour une partie substantielle des produits en cause, d'éliminer la concurrence.

L'article 102 quant à lui rappelle l'incompatibilité avec le marché intérieur et l'interdiction d'exploitation abusive de position dominante dans la mesure où le commerce entre Etats membres en est affecté sur le marché intérieur ou dans une partie substantielle de celui-ci. Ces pratiques abusives consistent entre autres à l'imposition des prix d'achat ou de vente ou d'autres conditions de transaction non équitables ; la limitation de la production, des débouchés ou le développement technique au préjudice des consommateurs. Il en va de même de l'application à l'égard des partenaires commerciaux des conditions inégales à des prestations équivalentes en les désavantageant de fait ; ainsi que de la subordination de la conclusion de contrats à l'acceptation, par les partenaires de prestations supplémentaires qui, par leur nature ou leurs usages commerciaux, n'ont pas de lien avec l'objet de ces contrats.

Divers autres règlements de la Commission et du Conseil Européen accompagnent le TFUE. Quatre règlements majeurs peuvent ici être mis en avant. Tout d'abord, il s'agit du règlement (CE) n° 1/2003 du Conseil du 16 Décembre 2002 relatif à la mise en œuvre des règles de concurrence prévues aux articles 81 et 82 du traité ; puis, le règlement (CE) n° 773/ 2004 de la Commission du 7 Avril 2004 relatif aux procédures mises en œuvre par la Commission en application des articles 81 et 82 du Traité CE. Ensuite, il y a le règlement (CE) n° 2015/ 1348 de la Commission du 3 Août 2015 portant modification du règlement (CE) n° 773/ 2004 relatif aux procédures mises en œuvre par la Commission en application des articles 81 et 82 du traité CE. Puis, le règlement (CEE) n° 2821/71 du Conseil du 20 Décembre 1971 concernant l'application de l'article 85 paragraphe 3 du traité à des catégories d'accords, de décisions et de pratiques concertées. S'ajoute aux trois précédents le règlement (CE) n° 1218/2010 de la Commission du 14 Décembre 2010 relatif à l'application de l'article 101, paragraphe 3, du TFUE à certaines catégories d'accords de spécialisation.

Ces différents règlements mettent en exergue la coopération entre la Commission et les autorités de concurrence des États membres.

Ils préconisent, entre autres, l'association des autorités de la concurrence nationale en les habilitant à appliquer le droit communautaire ; les décisions et délibérations de la Commission sur les juridictions et autorités de concurrence des États membres.

Avec une telle protection des brevets sur les princeps et des prohibitions clairement exprimées, l'absence de respect des règles applicables aussi bien au niveau national qu'au sein de l'Union européenne engendre de *facto* des sanctions.

B- Les sanctions des pratiques prohibées

Si l'encadrement législatif semble si clair, avec un encadrement des droits de propriété sur les brevets en amont et des pratiques expressément prohibées, les entreprises pharmaceutiques n'hésitent cependant pas à mettre en œuvre des manœuvres à l'expiration des brevets sur les princeps.

En France, l'autorité de la concurrence est une autorité administrative indépendante, spécialisée dans le contrôle des pratiques anticoncurrentielles, l'expertise du fonctionnement des marchés et le contrôle des opérations de concentration. Au service du consommateur, elle a pour objectif de veiller au libre jeu de la concurrence et d'apporter son concours au fonctionnement concurrentiel des marchés aux échelons européen et international[24].Dans le cadre de l'exercice de ses prérogatives, l'autorité de la concurrence sanctionne ainsi dans le secteur pharmaceutique les firmes qui ne se sont pas conformées aux directives prescrites par le législateur.

1- La pratique du dénigrement entre injonctions et amendes

Le dénigrement, selon le dictionnaire Larousse, consiste en le fait d'attaquer la réputation de quelqu'un, le noircir, chercher à le rabaisser ; discréditer, décrier quelque chose, parler avec malveillance de quelque chose ou de quelqu'un ; calomnier. Il se distingue de la critique dans la mesure où il émane d'un acteur économique qui cherche à bénéficier d'un avantage concurrentiel en jetant le discrédit sur son concurrent ou sur les produits de ce dernier (...)[25].Les actions de dénigrement, de la part d'un opérateur en position dominante, peuvent être qualifiées d'abusives[26]. L'autorité de la concurrence a ainsi adopté cette qualification dans diverses affaires.

Dans une affaire, l'autorité française de la concurrence avait été saisie relativement à des

---

24 -www.autoritedelaconcurrence.fr

25 - Décision du Conseil de la concurrence n° 07-MC-06 du 11 décembre 2007 (Voir annexe2).

26 -Décision n° 09-D-28 du 31 juillet 2009, relative à des pratiques de Janssen-Cilag France dans le secteur pharmaceutique, P21. (Voir annexe 3).

pratiques mises en œuvre par la société Janssen-Cilag France (ci-après Janssen-Cilag) visant à faire obstacle à la commercialisation du générique de la société Ratiopharm « *fentanyl Ratiopharm, dispositif transdermique* ». En effet, selon la société Ratiopharm, Janssen-Cilag détenait une position dominante sur le marché du fentanyl transdermique et abuserait de cette position, d'une part, en dénigrant son générique et, d'autre part, en pratiquant des prix qu'elle qualifie de « *prédateurs* »[27]. Dans cette affaire, le dénigrement se serait poursuivi auprès des pharmaciens et des médecins. Dans son commentaire, l'autorité de la concurrence voit que les pratiques de Janssen-Cilag, sous réserve de l'instruction au fond, pourraient être susceptibles d'être qualifiées de dénigrement du générique de Ratiopharm, ayant pour objet d'évincer un produit concurrent du marché. Dans la mesure où elles émanent d'une entreprise en position dominante, elles sont susceptibles d'être considérées comme abusives. Faute d'une atteinte grave et immédiate à l'un des intérêts protégés par l'article L. 464-1 du code de commerce, elle a estimé qu'il n'y avait pas lieu de prononcer, en tout état de cause, les mesures d'urgence demandées par la société saisissante. Il convenait en revanche de poursuivre l'instruction sur les différentes pratiques reprochées à la société Janssen-Cilag France.

---

27 - Décision n° 09-D-28 du 31 juillet 2009 relative à des pratiques de Janssen-Cilag France dans le secteur pharmaceutique.

Dans une autre affaire, le conseil de la concurrence avait ainsi été saisi par la société Arrow Génériques relativement à des pratiques mises en œuvre dans le circuit officinal, par la société Schering-Plough, producteur du princeps Subutex, confronté à l'arrivée du générique commercialisé par Arrow. Une partie de la plainte concernait le dénigrement par Shering-Plough du générique d'Arrow auprès des professionnels de santé et notamment des pharmaciens d'officine[28].

Concernant ces pratiques, le Conseil de la concurrence a considéré que la pratique de dénigrement de la société Schering-Plough à l'encontre d'un produit de la société Arrow Génériques pouvait faire l'objet d'une mesure d'injonction pour pallier le risque attaché à la dégradation de l'image du médicament générique[29]. Dans le commentaire de cette jurisprudence, le conseil de la concurrence faisait remarquer que le dénigrement était d'autant plus patent qu'il avait été mis en œuvre préalablement à la commercialisation du générique. Cette circonstance emportait une double conséquence. En premier lieu, la société Arrow Génériques, qui n'avait pas commencé son action commerciale auprès du circuit officinal, n'était pas en mesure de répondre aux critiques exposées. En second lieu, les rumeurs répandues ne

---

28 - Décision n° 07-MC-06 du 11 décembre 2007.
29 - *Idem*

pouvaient être fondées sur des défauts effectivement constatés après usage du générique par des patients[30].

Si dans ces affaires, aucune véritable sanction n'avait été prise en attendant la suite de l'instruction, dans d'autres affaires, des sanctions assez lourdes ont été infligées.

Peut être mise en exergue ici la décision de l'autorité de la concurrence n° 13-D-11 du 14 mai 2013 relative à des pratiques mises en œuvre dans le secteur pharmaceutique. Dans cette affaire, il est question de la mise en œuvre d'une pratique de dénigrement des génériques concurrents de Plavix® sur le marché français du clopidogrel commercialisé en ville notamment par les sociétés Sanofi-Aventis et BMS. Dans sa décision, l'autorité de la concurrence décrit des arguments commerciaux visant à remettre en cause la substituabilité des génériques de Plavix® auprès des médecins et des pharmaciens. Dans son appréciation sur l'importance du dommage causé à l'économie, l'autorité de la concurrence met en exergue d'une part une réduction très forte du jeu de la concurrence sur le marché du médicament. Ce secteur du médicament fait l'objet d'une forte réglementation, en particulier s'agissant des prix de vente en officine. L'autorité met aussi en exergue d'autre part le fait selon lequel la pratique en cause a largement tiré parti de la perception

30 - Décision n° 09-D-28 du 31 juillet 2009 relative à des pratiques de Janssen-Cilag France dans le secteur pharmaceutique, P22.

des professionnels de la santé ainsi que de leur mode de formation. En effet, il existe en France un climat de suspicion vis-à-vis des génériques, climat renforcé dans le cas du clopidogrel par des inquiétudes spécifiques aux pathologies traitées par cette molécule. En outre, les médecins disposent de connaissances parfois limitées en pharmacologie et maîtrisent mal les procédures réglementaires d'autorisation et de substitution des génériques.

L'autorité a ainsi infligé conjointement et solidairement à Sanofi-Aventis France et à Sanofi une sanction pécuniaire de 40,6 millions d'euros.

Au regard des sanctions ainsi infligées, il apparaît que l'autorité de la concurrence a la ferme volonté de mettre un terme à de pareilles pratiques. Cette volonté est-elle perceptible relativement à la durée légale de protection du médicament ?

2- L'influence sur la durée légale de protection du médicament entre légalisation et absence de législation

L'influence sur la durée légale de protection du médicament s'opère par le biais de dépôts de brevets additionnels (i) ; les demandes de certificats d'extension (ii) ; ainsi que l'usage de l'exclusivité des données (iii).

(i) Les dépôts de brevets additionnels

Le dépôt de brevets additionnels est une stratégie de dépôt successif de brevets “sous-marins”.

Elle évoque une situation proche de celle décrite par le modèle économique de Gilbert et Newberry (1982). Dans ce modèle, une firme se trouve en situation de monopole grâce à son brevet. Par la suite, des concurrents potentiels peuvent réaliser une innovation et rentrer sur le marché avec un produit concurrent. Afin de contrer l'entrée, le monopole va "préempter" le marché en déposant des brevets additionnels.

Cette stratégie de dépôt de brevets successifs va de pair avec la détermination des laboratoires à défendre leurs droits de propriété intellectuelle. En effet, il arrive souvent qu'un ou plusieurs brevets soient contestés par un génériqueur et fassent par la suite l'objet de poursuites judiciaires[31].

Dans ce cadre, il y a en effet absence de législation. Le législateur ne dit rien relativement à cette pratique ; la jurisprudence quant à elle ne semble pas encore avoir été confrontée à cela.

(ii)**Les demandes de certificats d'extension**

Les certificats complémentaires de protection (CCP) sont nés du besoin de compenser les longs délais de développement d'un médicament, en accordant une exclusivité de marché prolongée. Aux États-Unis, la loi Hatch-Waxman a institué en 1984 un tel certificat, qui prolonge de 5 ans la durée du brevet à compter de son

---

31 - Emmanuel Combe, Les laboratoires pharmaceutiques face à la concurrence des génériques : quels enjeux pour l'antitrust ? Doctrines. *Concurrences* (Revue des droits de la concurrence) N° 1-2006

expiration, la durée totale de l'exclusivité commerciale ne pouvant excéder 14 ans. Au niveau européen, les CCP ont également été introduits en 1993 et allongent l'exclusivité de marché pour une durée maximale de 5 ans, la durée totale de l'exclusivité commerciale ne pouvant pas excéder 15 ans à compter de la première AMM[32].

Cette pratique qui prolonge le monopole qu'a une entreprise sur un médicament est ainsi légalisée à l'échelle européenne et outre atlantique.

(iii) **L'usage de l'exclusivité des données**

La "protection administrative des données" représente également un autre pilier fondamental de l'exclusivité de marché d'un médicament. Les médicaments génériques sont en règle générale commercialisés sur la base d'une procédure abrégée de demande d'AMM : cette dernière dispense le génériqueur de l'obligation de réaliser les essais pharmacologiques, toxicologiques et cliniques nécessaires à la mise sur le marché d'un médicament, dès lors qu'il est en mesure de prouver que son générique est équivalent au médicament princeps. Grâce à cette preuve de "bioéquivalence", un génériqueur bénéficie donc d'une économie de ressources financières importantes. Toutefois, l'accès aux données fournies par les laboratoires innovants, et

32 - *Idem*

donc la possibilité d'accéder à une telle procédure d'AMM abrégée, n'est possible que lorsque ces données ne sont plus protégées.[33]

L'usage exclusif des données par le laboratoire pharmaceutique détenteur du princeps peut s'avérer être un grand frein pour les génériqueurs. Si la jurisprudence n'a pas encore eu à traiter ce type d'affaires, des sanctions pécuniaires imposées pour entrave au libre jeu de la concurrence seraient plutôt assez dissuasives. Ce silence du législateur continue-t-il face aux accords de report d'entrée ?

3-Les rudes sanctions pécuniaires face aux accords de report d'entrée

Certains accords conclus entre un laboratoire innovant et un génériqueur visent explicitement à retarder l'entrée de génériques sur le marché. Dans le cas des États-Unis, ces accords résultent le plus souvent d'un règlement à l'amiable d'un litige de brevet, qui fait lui-même suite au dépôt d'une Abbreviated New Drug Application (ANDA), nouvelle demande de brevet abrégée pour un médicament par un génériqueur et d'une plainte pour contrefaçon déposée à son encontre par le détenteur du brevet. Il semble alors que les deux parties y trouvent chacune leur intérêt : le laboratoire générique évite ainsi d'être "bloqué" à cause de la période suspensive de 30 mois

---

33 -*Idem*

(*supra*), tandis que le laboratoire princeps maintient son monopole[34].

Si les autorités françaises, notamment l'autorité de la concurrence n'ont pas encore eu à faire face à des affaires spécifiques d'accords de report d'entrée, la Commission européenne a déjà eu à émettre diverses sanctions.

Dans sa décision n°39226 du 19 Juin 2013 relative aux pratiques mises en œuvre par la société Lunbeck face à l'entrée d'un générique dans le marché du citalopram, elle a eu à infliger une amende de 93,8 millions d'euros au laboratoire pharmaceutique danois Lundbeck pour avoir conclu des accords de paiements inversés avec plusieurs fabricants de génériques (Alpharma, Arrow, Merck KGaA/Generics (Royaume-Uni) et Ranbaxy), lesquels ont aussi été condamnés à des amendes d'un montant compris entre 9,9 millions d'euros et 21,4 millions d'euros chacun. Dans son commentaire sur les brevets, la Commission mettait en exergue le fait que Lundbeck n'avait réussi à introduire le citalopram, la première brevetée en 1976, dans les grands marchés européens qu'à partir du milieu des années 1990. Le temps disponible pour Lundbeck pour exploiter pleinement le produit commercialement dans un certain nombre de pays en Europe avant l'expiration

34 - *Idem*

du brevet du composé en Janvier 2002 était relativement court.

Si c'était la première fois que la Commission imposait des amendes à des laboratoires pharmaceutiques au motif que les accords de paiements inversés contrevenaient au droit de la concurrence de l'Union européenne, ce n'était sans doute pas la dernière. En effet deux autres décisions ont suivi. Dans sa décision n° 39685 du 10 Décembre 2013, les laboratoires pharmaceutiques Johnson & Johnson et Novartis se voyaient infliger une amende de 16 millions pour avoir retardé l'entrée sur le marché du générique fentanyl, un analgésique. Dans sa décision n° 39612 du 9 Juillet 2014, des amendes de 330 millions ont été infligées aux laboratoires Servier et de 97 millions à divers producteurs de génériques pour avoir retardé l'entrée sur le marché du Perindopril, un générique de traitement de l'hypertension.

De telles sanctions se veulent assez dissuasives à l'égard des autres entreprises pharmaceutiques. Bien plus, ces sanctions ne condamnent pas uniquement l'acte ; les accords de report d'entrée en eux-mêmes, mais surtout leur impact sur le consommateur. En effet, la commission trouve que ces accords de report d'entrée avaient une influence néfaste sur le consommateur car ils permettaient de maintenir des prix élevés sur les médicaments. Les sanctions sont-elles aussi élevées dans le cadre d'abus de position dominante par accord sur les prix ?

4-L'abus de position dominante par accord sur les prix entre acceptation au mérite et sanctions pécuniaires

L'abus de position dominante consiste pour une entreprise dominante dans un marché, ou un groupe d'entreprises dominantes, d'adopter un comportement visant à éliminer ou à mettre au pas un concurrent ou encore à dissuader tout nouveau concurrent d'entrer sur le marché, avec pour effet d'empêcher ou de diminuer sensiblement la concurrence.

S'agissant de la fixation du prix des médicaments génériques, le comité économique des produits de santé (CEPS) applique une méthode de calcul qui consiste à effectuer une décote par rapport au prix du médicament princeps tel que fixé avant l'entrée des génériques[35].

Pourtant, certaines entreprises pharmaceutiques n'hésitent pas à outrepasser cela. L'autorité de la concurrence s'appuie ainsi sur les bases légales à l'instar du Code du commerce. Dans le 6ème alinéa de l'article L 420, il est prévu une peine

---

35 - Avis de l'autorité de la concurrence n° 13-A-24 du 19 décembre 2013 relatif au fonctionnement de la concurrence dans le secteur de la distribution du médicament à usage humain en ville, p 28.

d'emprisonnement de quatre ans et une amende de 75000 euros à l'encontre de toute personne physique qui prendrait frauduleusement une part personnelle et déterminante dans la conception, l'organisation ou la mise en œuvre de pratiques telles l'abus de position dominante, d'actions concertées, conventions, ententes expresses ou tacites ou coalitions avec pour effet d'empêcher, de restreindre ou de fausser le jeu de la concurrence sur un marché.

Relativement à l'abus de position dominante, l'autorité de la concurrence estime que : le fait qu'une entreprise en position dominante, confrontée à l'arrivée ou à la présence de produits concurrents, développe des moyens commerciaux pour faire face à cette concurrence n'est pas en soi constitutif d'un abus de cette position dominante. Il est en effet légitime qu'une entreprise dominante sur son marché puisse disposer de la possibilité de faire face à la compétition d'autres offreurs, dès lors que les moyens ainsi mis en œuvre restent ceux d'une concurrence par les mérites.[36]

En France, le brevet détenu par Schering-Plough pour le Subutex avait expiré. Trois mois avant la communication d'un produit générique, Schering-Plough a commencé à proposer aux pharmaciens d'importantes remises, similaires à des rabais de fidélité, sur la vente de Subutex. Le seul objet de ces

---

36 - Décision n° 09-D-28 du 31 juillet 2009 relative à des pratiques de Janssen-Cilag France dans le secteur pharmaceutique

remises était d'empêcher les pharmacies de se fournir auprès du fabricant de produits génériques. Selon la réglementation française, les fabricants de produits génériques sont autorisés à proposer des remises beaucoup plus élevées (10,74 %) que les fabricants de princeps (2,5 %). Pour contourner cette règle, Schering-Plough rémunérait les pharmaciens pour des services fictifs. L'autorité française de la concurrence a néanmoins déterminé que le montant des remises accordées ne dépendait pas de services fournis par les pharmaciens mais de la quantité de Subutex achetée, qui était tellement importante qu'il n'y avait plus de place pour la version générique du produit lors de sa mise sur le marché.[37] En décembre 2013, l'autorité de la concurrence a établi que Schering-Plough avait abusé de sa position dominante à travers sa stratégie de remise sur la vente de Subutex et lui a infligé une amende de 15,3 millions d'euros[38].

L'abus de position dominante n'est pas accepté par les autorités à partir du moment où les moyens mis en œuvre ne sont pas ceux d'une concurrence liée au mérite.

---

37 - Décision n° 13-D-21 du 18 décembre 2013 relative à des pratiques mises en œuvre sur le marché français de la buprénorphine haut dosage commercialisée en ville.

38 -*Idem.*

Il y a une frontière entre les moyens mis en œuvre pour une concurrence « saine » et ceux mis en œuvre pour une concurrence arbitraire dans le domaine pharmaceutique.

CONCLUSION

Concilier santé pour tous et rentabilité des brevets sur les médicaments est une mission difficile, mais pas impossible. Les médicaments hors brevets, les dons, les réductions de prix ainsi que la levée temporaire des brevets peuvent être des solutions.

La réglementation des stratégies des firmes pharmaceutiques à l'expiration des brevets sur les médicaments telle qu'elle se présente à l'heure actuelle en France a été pensée afin de réduire les pratiques « anticoncurrentielles ».

D'une part, il y a l'encadrement des stratégies « courtoises » par le code de la santé publique. D'autre part, il y a les sanctions des pratiques proscrites par le code de commerce, le TFUE ainsi que d'autres règlements de la commission et du conseil européens.

L'analyse des pratiques « courtoises » laisse apparaître de nombreuses zones d'ombre et divers effets secondaires de ces pratiques. Les sanctions faites par le législateur français à l'égard des pratiques proscrites par le code du commerce et le TFUE laissent entrevoir une volonté de veiller à réduire drastiquement ces pratiques « anticoncurrentielles ». L'absence de législation dans certains cas, notamment dans le cadre de l'influence sur la durée légale de protection du médicament demeure un des points sur lequel le législateur doit agir.

Au final, la réglementation des pratiques des firmes à l'expiration des brevets ne cesse de prendre de l'importance avec le temps en France. En plus des divers codes, l'autorité de la concurrence joue un rôle accru au niveau du contrôle des pratiques. Avec en toile de fond la mise en place d'une activité économique saine dans le domaine pharmaceutique, il existe à ce jour une sorte de modélisation des pratiques des firmes pharmaceutiques. Ceci dans l'optique d'essayer de concilier impératif de rentabilité et santé pour tous.

BIBLIOGRAPHIE :

Ouvrages généraux :

-Anne Laude, Bertrand Mathieu, Didier tabuteau, Droit de la santé, 3ème édition, PUF, 10/11/2012. 730 p

- Bergel (J-L*), Méthode du droit et Théorie générale du droit,* 2e éd, Dalloz, 1989, 374 p.

- BIOY (X), *"Notion et concept en droit : interrogation sur l'intérêt d'une distinction"*, in les notions juridiques, Economica, 2009

-Marie-Anne frison-roche, marie- Stéphane Payet, Droit de la concurrence, 1ère édition, Dalloz, 2008, 451 p.

-Maurice Cassier ; Brevets pharmaceutiques et santé publique en France : opposition et dispositifs spécifiques d'appropriation des médicaments entre 1791 et 2004 ; ESKA, 108 P, Février 2004.

-Sauveur Boukris, Médicaments génériques : La grande arnaque ; Du moment, 224 P, Avril 2013.

-Articles et études

- Bulletin d'information en économie de la santé, questions d'économie de la santé, n° 84 - Octobre 2004, 8 p.

-Emmanuel Combe, Les laboratoires pharmaceutiques face à la concurrence des génériques : quels enjeux pour l'antitrust ? Doctrines.

Concurrences (Revue des droits de la concurrence) N° 1-2006 – pp. 47-62.

- Ernest Wolf, La Législation antitrust des Etats-Unis et ses effets internationaux, Revue Internationale de droit comparé, 1950, volume 2, numéro 3, PP 440-477.

- Le rôle de la concurrence dans le secteur pharmaceutique et ses avantages pour le consommateur, Septième Conférence des Nations Unies chargée de revoir tous les aspects de l'Ensemble de principes et de règles équitables convenus au niveau multilatéral pour le contrôle des pratiques commerciales restrictives, Genève, 6-10 juillet 2015.

- Margaret Smith, les produits pharmaceutiques et la protection accordée par les brevets, Division du droit et du gouvernement Novembre 1993.

-Nejla Yacoub, Stratégies des grandes firmes pharmaceutiques face aux médicaments génériques. Accumulation vs valorisation du capital-savoir. Innovations 2010/2 (n° 32). De Boeck Supérieur. PP 81-107.

-Nathalie Grandfils, Valérie Paris, Catherine Sermet, Les laboratoires pharmaceutiques face à l'arrivée des génériques : quelles stratégies pour quels effets ? Bulletin d'information en économie de la santé, n° 84 - Octobre 2004.

- Benjamin May, Marie Liens, Brevets Pharmaceutiques : approche pratique du contentieux des mesures d'interdiction provisoire, *revue Propriété Industrielle - Juin 2014.*

- Robert S. Tancer – Claude Mosseri-Marlio, Évolutions et ramifications de la réglementation pharmaceutique dans l'Union européenne et aux États-Unis — *RMCUE 2002. P394.*

Thèses, mémoires

-Magloire Akogbeto, L'accès aux médicaments et le droit des brevets. Université Jean Moulin Lyon 3 - Master droit et management des structures sanitaires et sociales, 2005.

-Pouteau Laureline, Evolution des stratégies Marketing des laboratoires pharmaceutiques face à l'émergence des génériques sur le marché de ville en France ; Université de Paris 11, Faculté de Pharmacie de Chatenay Malabry, 2010, 71 pages.

- Sarah Laassir, La concurrence dans le secteur de la distribution des médicaments génériques. Master 2 Droit de la Consommation et de la concurrence ; Centre de Droit de la consommation et du marché, Université de Montpellier I. 2013-2014, 81 pages.

-Clémence Schmitt, Les protections du médicament : La lutte des laboratoires pharmaceutiques contre la pression des génériques. Master 2 Droit des Biotechnologies, Université d'Evry Val d'Essonne, 2009-2010, 35 pages.

Avis

-Avis de l'autorité de la concurrence n° 13-A-24 du 19 décembre 2013 relatif au fonctionnement de la concurrence dans le secteur de la distribution du médicament à usage humain en ville.

Rapports

- Le rôle de la concurrence dans le secteur pharmaceutique et ses avantages pour le consommateur, Conférence des Nations Unies sur le commerce et le développement.

-Décisions

-Décision du Conseil de la Concurrence n° 01-D-07 du 11 Avril 2001 relative à des pratiques mises en œuvre sur le marché de la répartition pharmaceutique.

-Décision n° 13-D-11 du 14 mai 2013 relative à des pratiques mises en œuvre dans le secteur pharmaceutique.

- Décision n° 13-D-21 du 18 décembre 2013 relative à des pratiques mises en œuvre sur le marché français de la buprénorphine haut dosage commercialisée en ville.

Structures éditoriales du groupe L'Harmattan

L'Harmattan Italie
Via degli Artisti, 15
10124 Torino
harmattan.italia@gmail.com

L'Harmattan Hongrie
Kossuth l. u. 14-16.
1053 Budapest
harmattan@harmattan.hu

L'Harmattan Sénégal
10 VDN en face Mermoz
BP 45034 Dakar-Fann
senharmattan@gmail.com

L'Harmattan Cameroun
TSINGA/FECAFOOT
BP 11486 Yaoundé
inkoukam@gmail.com

L'Harmattan Burkina Faso
Achille Somé – tengnule@hotmail.fr

L'Harmattan Guinée
Almamya, rue KA 028 OKB Agency
BP 3470 Conakry
harmattanguinee@yahoo.fr

L'Harmattan RDC
185, avenue Nyangwe
Commune de Lingwala – Kinshasa
matangilamusadila@yahoo.fr

L'Harmattan Congo
219, avenue Nelson Mandela
BP 2874 Brazzaville
harmattan.congo@yahoo.fr

L'Harmattan Mali
ACI 2000 - Immeuble Mgr Jean Marie Cisse
Bureau 10
BP 145 Bamako-Mali
mali@harmattan.fr

L'Harmattan Togo
Djidjole – Lomé
Maison Amela
face EPP BATOME
ddamela@aol.com

L'Harmattan Côte d'Ivoire
Résidence Karl – Cité des Arts
Abidjan-Cocody
03 BP 1588 Abidjan
espace_harmattan.ci@hotmail.fr

Nos librairies en France

Librairie internationale
16, rue des Écoles
75005 Paris
librairie.internationale@harmattan.fr
01 40 46 79 11
www.librairieharmattan.com

Librairie des savoirs
21, rue des Écoles
75005 Paris
librairie.sh@harmattan.fr
01 46 34 13 71
www.librairieharmattansh.com

Librairie Le Lucernaire
53, rue Notre-Dame-des-Champs
75006 Paris
librairie@lucernaire.fr
01 42 22 67 13

www.ingramcontent.com/pod-product-compliance
Lightning Source LLC
LaVergne TN
LVHW051630071026
849535LV00009BA/3527